LEESOO BAZI ART CLUB BUSAN HAEUNDAE FORUM 2008

合絆合生合作의 八字通辯秘技

命理物象實戰招

명리물상실전 57초

이수명리학회 해운대 포럼

장서원 도서출판

李修 스승 近影, 戊子年

이수명리학회 해운대 포럼*

이수명리학회 해운대 포럼(LBHF)는 한국 역학의 메카로 알려진 부산 지역에 주거하는 이수문파의 문제자들이 주축이 되어 구성된 단체로 해운대 오션타워에 위치한 문제자 전용 컨퍼러스 룸에서 주 1회 정기적인 명리 발제 포럼디스커션과 공개 학술 토론 및 발표회를 진행하는 모임입니다.

해운대 포럼 1회 학술 정회원 (執筆陣)

박염
우석현
신윤석
박창원
권태계
천세진
김재훈
방영애
서정원

이 책은 2008년 1월에 발표된 八字入門(a bazi primer) 시리즈 중 六神物象(module-4, phases of the bazi)을 텍스트로 삼아 강연 현장의 기록을 덧붙인 해설서로 편집되었습니다.

\- 이수명리학회 해운대 포럼 -

머리글

물상物象이란 광의적으로 '자연계의 사물事物'과 변화變化 현상'을 일컫는 말인데 이것은 한 마디로 온전한 형태를 갖추어 눈으로 직접 확인되는 상황 전반을 의미하는 것입니다. 즉 만물萬物이 기氣(intangible)에서 상象(tangible), 상象(invisible)에서 물物(visible)로 순환하는 과정에서 간干과 지支, 그리고 형충회합刑沖會合과 오운육기五運六氣의 동요動搖(rolling), 합작合作(joint) 등으로 나타나는 모든 상황을 포괄하는 개념槪念이라 할 수 있습니다.

팔자술八字術에서 물상物象을 포착하여 추리하는 기

법, 팔자물상법八字物象法은 경험의 반복과 시행착오施行錯誤를 거쳐 직각直覺의 경지를 의미하므로 학습의 고급단계高級段階라 해도 과언이 아닙니다. 더욱이 이 과정에서는 보통 나들이(outing)로 표현되는 길흉吉凶의 대체代替(fungible) 현상과 방안을 배우게 되므로 제시하여 개운開運의 이치를 파악할 수 있게 됩니다.

하나의 보기로 팔자八字에 子卯刑이나 午卯破, 혹은 子丑合의 글자가 성립되면 이상은 모두 욕浴의 상象과 겹쳐 '찌르고, 찔리는' 현상이 나타나므로 흔하게는 남녀의 성교性交에서부터 바느질, 자수刺繡, 상해傷害와 수술手術 등에 이르기까지 다양한 형태로 규정됩니다. 보통 하나의 징후徵候가 뚜렷해지거나, 발로發露하면 여타의 암시상황은 모두 무효無效가 되는 특징이 있습니다.

- '육신물상(Bazi Primer-4)' 개요 중에서 -

물상대체物象代替와 피흉추길避凶趨吉

우리 문파門派의 독보적獨步的 이론체계는 십성쇠왕十星衰旺의 자평원칙子平原則과 고도의 체용분할體用分割, 공망비약空亡秘鑰에서 선보인 체용변體用變의 수렴, 팔자허자론八字虛字論의 논리 체계 수립 등으로 특징할 수 있습니다. 그런데 지금 강호江湖에는 형충회합刑沖會合의 현란絢爛한 법수法手 전개로 성패득실成敗得失을 추려나가는 필살기必殺技로 보다 널리 알려져 있는 것 같습니다. 이것은 진화進化를 거듭하는 속도가 너무 앞서가기에 나타난 현상이라 할 수 있습니다.

물상物象의 현발現發은 동적動的 요소가 개입되는 순간 이루어지므로 특히 형충회합파해刑沖會合破害와 관련되어 작동합니다. 그러므로 물상법物象法은 형충회합刑沖會合과 직결되는 주제라 할 수 있습니다. 정확히 말하자면 형충회합刑沖會合이 가져오는 한 해의 결과를 정밀하게 추산推算하기에 앞서 나타나는 제반 현상을 물상物象으로 보다 신속하고 실감나게 추리할 수 있다는 뜻입니다. 특히 이 과정에는 합생합작合生合作이라는 명리命

理의 근원적인 비결秘訣과 한결 진전된 포태술胞胎術이 수렴되어 있으므로 지금부터 정리해 나갈 물상법物象法은 당 문파門派가 보유한 또 하나의 특기特技로 보아 무방할 듯싶습니다.

실상에서 나타나는 체替(fungible)의 상황은 대개 육신의 고통苦痛과 육친의 분리分離, 활인活人으로 갈무리되는데 보다 능동적으로는 업業과 향向으로 물상대체物象代替를 실현해 나갈 수 있다고 봅니다. 까닭에 우리 공부인工夫人들이 음양오행陰陽五行의 근원과 물상출입物象出入의 이치를 알고, 응용할 수 있다면 피흉추길避凶趨吉로 나아가는 바른 길을 찾을 수 있을 것이라 믿습니다.

檀紀 4341年 戊子, 暮春
해운대 포럼 1회 대표 東樂 우석현 識

'육신물상' 추천의 글

오늘날 韓國의 李修 선생이 '八字術必殺技'와 '八字術 파이널블로'를 통해 보여 준 命理의 新紀元을 열었다는 점은 이 땅의 易學徒들에게 큰 自負를 느끼게 하였는데, 이후 適天髓를 시작으로 命理의 3대 寶書인 子平眞詮, 欄江網을 아우르는 註解書를 일사천리로 쏟아 놓는 驚異로운 사건이 있었다.

이것은 얼마 되지 않은 일이라, 그 귀중한 命書들을 소화하기 벅찬 것이다. 그런데 이번에는 命理 전체를 총괄하는 八字入門 시리즈를 연이어 발표하니 進化를 거듭하는 학자의 龜鑑이라 하겠다. 이중 '空亡秘鑰'과 '六神物

象' 편의 내용이 특별히 斬新해서 感銘이 깊었다.

空亡은 六爻에서도 사안의 吉凶成敗를 추단하고 應機를 정하는데 매우 빈번히 이용되는 중요한 재료인데, 命理에서는 별반 신통한 이론이 정립되지 않아 무시해도 그만인 것처럼 여겨져 왔다. 하지만 이번 저술의 내용을 보면 空亡이 "命理를 형성하는 여타의 챕터와 달리 그 자체만으로 體, 用, 變의 妙理를 담고 있어 推命 전체를 관통하는 무거운 존재"라는 사실을 분명하게 밝혀 주었고, 갖가지 細技를 정연하게 정리하고 있다. 본인은 이 책을 통해 空亡에 관한 고착 관념을 송두리째 바꾸는 계기가 되었다. '空亡秘鑰'은 한 마디로 空亡에 관한 현존하는 가장 완벽한 해설서라 할 수 있다.

'六神物象'은 내용이 간략해서 가벼운 마음으로 볼 수 있었다. 물론 내용 중에 八字物象法은 경험의 반복과 施行錯誤를 거쳐 直覺의 경지에 오르는 命理學習의 高級段階라는 무거운 의미가 녹아 있으나 字形부터 시작해서 入墓와 天羅地網, 刑沖會合, 胞胎에 이르기까지 아기자기한 재료로 八字라는 집에 인테리어를 어떻게 하는가를 보여주기에 흥미진진하게 단숨에 읽었다. 좀 더 자세히 설명해 주면 좋겠다는 부분이 더러 눈에 띄었는데 읽기는 수

월해도 익히는 것은 별개의 문제다. 이중 入墓의 실전 적용법과 吉凶事의 代替(fungible) 현상과 방안 등은 과연 秘笈이라 해도 과언이 아닐 보배로운 내용이었다.

홍콩과 臺灣에서는 지금 이 순간에도 수많은 命理書가 쏟아져 나오지만 이수님과 같이 이토록 古典의 해설부터 尖端의 이론서까지 명쾌하게 정리해서 내 놓은 책을 찾기 어렵다. 溫故한 사람은 간혹 있고, 知新한 사람은 벌떼같이 많지만 溫故而知新하는 사람은 실로 드문데 이수님을 감히 평한다면 溫故하고도 知新한 대표적인 학자로 꼽을 수 있다. 그가 발표하는 이론과 책은 항상 문체가 古雅하고 표현은 洗練되기 그지없다. 날카롭고 위트가 넘치며 正鵠을 찌른다. 게다가 너무 創意的이어서 보통 사람은 따라가지 못할 비범함이 있다.

옛날에 어느 짚신 장사가 자기 아들에게도 짚신 삼는 비방을 전해 주지 않다가 숨이 넘어가기 직전에 이르러서야 '털, 털, 털'하며 죽었다고 한다. 짚신을 삼을 때 잔털을 제거하는 비법도 죽을 때가 되서야 겨우 혈육에게나마 전했다는 우스개 얘기다. 이처럼 자신이 깨친 법이나 지식을 타인에게 사심 없이 공개하기란 쉽지 않은 법이다. 선생이 혹간 쓰는 용어로 秘技의 '무한방출'은 참으로 대인이 아니면 흉내조차 낼 수 없는 것이다. 이수님의 창의적이고 논리가 정연한 귀한 이론들은 책으로 발표되기 전에 늘 인터넷에서 먼저 공개된다. 나 같은 소인은 어렵고도 어려운 언행이다. 학문의 세계에서 돈보다 귀한 지식을 대중에게 한없이 방출하는 모습은 德行의 표본이라 할만하다.

나는 늘 내가 가르치는 弟子들에게 命理學界에서 李修라는 사람은 天才에 가까운 사람이라고 자랑한다. 사사로운 마음을 버리고 그가 쓴 책을 읽다보면 내 말이 거짓이 아님을 자연 알게 된다. 이번의 八字入門 시리즈 또한 그의 천재성이 유감없이 드러난 책임에 틀림없다. 命學에서 길을 찾는 사람이나 혹은 그 언저리에서 命理를 음미하려는 사람을 막론하고 부디 이수님의 책을 일독하기 권한다.

눈에서 눈꺼풀이 벗겨진다는 말의 참뜻을 책장을 여는 순간 알게 될 것이기에 하는 말이다.

丁亥年, 孟冬, 구봉 산방에서

자미두수전서 저자

履斗 김선호 삼가 쓰다

차례

複式(multiple)

物象概要(digest)

單式(simple)

일수	合絆合生
이수	先合後破
삼수	合庫動失
사수	合後疾忌
오수	入庫形解
육수	木金衝絶
칠수	水火衝絶
팔수	木金衝墓
구수	水火衝墓
십수	病者刑厄
십일수	逢沖現發
십이수	刑者怕開
십삼수	懸針浴死
십사수	懸針劍難
십오수	曲脚刑疾

일수 - 합반합생

合에는 두 가지 의미가 있다. 하나는 合絆이고 또 하나는 合生이다.

팔자에 이미 合이 되어 있으면 羈絆이고, 合運에 合絆된다. 이렇게 合이 성립되면 모두 묶여 제 구실을 하지 못한다. 기능이 정지된다는 얘기다. 한편 保護의 뜻이 있다. 그래서 吉神은 合을 기뻐한다. 凶神의 合은 凶物을 감춘 격이 된다.

合生은 무엇인가. 合이 되지 않은 상태로 合할 대상이 있는 것을 말한다. 희구하고, 貪하는 것이다. 삶의 동기이자, 성취의 요소다. 또 위기에는 救世主가 된다.

이상이 祿馬가 養命之源이 되는 이치다.

壹招´

坤

庚 己 己 己

午 亥 巳 酉

傷旺하나 甲官은 亥에서 生을 얻고, 己를 貪合한다. 妬合의 양상이라 시끄럽다.

貳招´

坤

壬 己 庚 戊

申 卯 申 寅

傷旺한데 甲官은 合하지 못하는 유형이다. 자식을 두고 첫 남편과 死別이다. 己巳年, 合運에 合絆으로 두 번째 남편 또한 잃는다.

己亥生의 亥中甲木은 生地에 있다. 胞胎坐法*

戊寅生의 寅木은 絶地에 있다. 胞胎引從*

이수 - 선합후파

寅亥는 合하고, 破한다. 巳申도 合破한다. 대개 부부의 生死離別은 合破에 근거한다. 四惑十惡이기 때문이다. 까닭에 合破는 하나를 얻고, 하나를 잃는 取捨의 형태로 나타나기 쉽다.

八字에 巳申이나, 寅亥가 있으면서 그것이 財官이면 부부간의 分離를 면키 어렵다.

参招´

乾

丁 庚 庚 癸

亥 寅 申 卯

寅은 絶地에 놓여 亥를 貪合한다. 合動하는 戊寅年에 喪別이다.

四招'

乾

癸 戊 庚 戊

亥 寅 申 戌

乙亥年, 合動하여 離婚했다.

癸卯生의 財寅은 亥에 生하지만, 戊戌生의 財亥는 寅에 病이다. 合動하는 運에 전자는 寅이 生하여 得財하고, 후자는 亥가 病들어 失財한다.

巳와 申이 같다. 巳는 申에서 病들고, 申은 巳에서 生한다. 팔자에 財巳보다는 財申이 재정적 측면에서 한결 유리하다.

삼수 - 합고동실

子가 北庫로 入庫하고, 午가 南庫로 入庫하는 것은 마치 동기감응(Like attracts like)과 같다. 寅이 戌, 申이 辰, 巳가 丑, 亥가 未에 入庫하는 것도 같은 현상이다.

子丑合과 午未合은 특별하다. 庫藏地를 合하기 때문이다. 子와 午는 庫와 合하여 帶를 찬다. 合絆되면 상서롭고 무탈하지만, 合動하여 合이 解消되는 시점에 놓이면 화액과 물상의 유실이 따른다.

서에 이르길, 合庫가 刑沖으로 動하면 필시 두려운 일이 일어난다고 했다. 合庫를 沖하면 子와 午는 帶에서 墓로 전이된다.

胞胎	帶	墓
午(丁)	未	丑
子(癸)	丑	未

五招′

乾

丁 丁 庚 戊

未 丑 申 子

쥐구멍을 드나들 듯 하는 배우자의 수차 외도를 용인하다 丑庫가 動하는 시점에 결국 離婚하다.

六招′

乾

丁 壬 甲 甲

未 午 戌 戌

辛未年, 교통사고로 사망했다. 午未나 午戌은 '도로 위를 질주하는 자동차'의 물상이다. 午가 戌未刑의 덫에 치인 셈이다. 午財는 南庫와 火庫, 세 곳을 출입한다.

七招′

乾

甲 甲 丁 甲

戌 子 丑 辰

子水가 丑戌의 덫에 치여 유아기에 모친을 잃는다. 子印은 北庫와 水庫를 향한다. 商大에서 法大로 전공을 바꾼다.

팔자에 丑戌刑의 물상은 다음과 같다. 첫째 法學이다. 둘째 宗敎다. 셋째 易學이다. 넷째 占術이다. 다섯째 建築이다.

사수 - 합후질기

辰酉合과 卯戌合은 墓와 死의 조합이다. 酉과 卯는 辰과 戌로 入庫한다. 용이 닭을 삼키고, 개가 토끼를 먹고 죽는 격이다.

八招'

乾

丁 甲 庚 丁

卯 戌 戌 丑

卯木은 두 곳을 출입한다. 丑戌刑이 動하면 卯木은 물린다. 이 사람은 평소에 土木의 물상으로 대체해야 원활하다. 甲子年, 肝癌으로 사망했다.

이것은 대개 처음에는 좋아서 합했다가, 차츰 怨望하고 꺼리며 미워하는 상황으로 나타나기 쉽다.

合動하면 疾忌한다.

九招′

坤

辛 丙 辛 戊

卯 辰 酉 戌

남매를 두고 媤家와의 불화로 離婚하다.

拾招′

坤

庚 乙 庚 己

辰 酉 午 亥

부모가 반대하는 결혼을 강행한 이후, 부부 사이가 악화되어 아들을 둘 두고 결국 離別이다.

※note

合에는 剋의 요소가 있고, 沖에는 合의 요소가 있다.

合	in and out	*sticky
沖	out and in	

오수 - 입고형해

팔자에 刑이 있고, 재차 刑이 入庫되는 글자가 貼하면 불화의 의미를 해소한다.

壹拾壹招'

乾

丙 壬 丁 癸

午 申 巳 丑

李虛中命書에 이르되, 貴人이 있는 기둥의 천간이 合하는 것을 상격이라 일렀다. 癸丑生은 夫妻聚合하는 鴛鴦에 貴人이 合하니 신용을 얻고 출세가 빠르다. 그러나 巳財의 刑合은 先合後破로 종내 破財, 損財를 예고한다. 巳火는 金庫로 향하여 刑을 해소한다. 財官印의 합작이니 진로는 財政 분야다.

壹拾貳招´

乾

丁 戊 庚 庚

巳 申 辰 辰

申金은 辰土로 入庫하여 食財의 합작을 이루니 재복이 두텁다. 종내 巳火는 病地에 들어 문서상의 損財가 따를 수다.

巳申刑合은 모두 法的 문제와 관련된다. 癸丑生은 印綬로 庚辰生은 財物로 刑解, 刑發한다. 學業과 損財가 물상 대체로 작용하는 이치가 이러하다.

육수 - 목금충절

寅申沖과 卯酉沖은 木과 金 모두가 絶地에 놓이는 현상으로 나타난다. 沖運에 干支가 결합된 專者는 남고 孤者는 절멸, 이탈한다.

	寅	申	申	寅絶

	寅	申	寅	申絶

	甲			申絶
	寅	申	寅	

		庚		沖起
	寅	申	寅	

	甲	庚		沖起
	寅		申	

	庚	甲		沖起
	寅		申	

壹拾參招′

坤

戊 庚 辛 丙

寅 申 丑 子

寅絶. 三婚之命이다. 子年에 再婚했다.

壹拾四招′

坤

壬 己 庚 戊

申 卯 申 寅

木絶. 아들을 낳고 남편과 死別하다.

壹拾五招′

坤

壬 甲 戊 甲

申 寅 辰 申

申絶. 離婚하고 생활고에 시달리다. 申金은 辰土로 入庫하여 財官의 합작을 이루는데 申金이 이탈하면 財源이

마른다.

壹拾六招´

坤

丁 乙 己 乙

亥 酉 卯 未

酉絶. 酉金은 年干 乙木을 合貪하고, 離婚했다.

壹拾七招´

坤

庚 戊 丙 己

申 寅 寅 亥

寅木이 旺者로 좀체 이탈되지 않으니 스스로 가출하여 酒店을 차렸다. 亥水酒類*

※note

金木相沖 물상

寅申	방앗간, 농기구, 화훼, 출판, 조형, 목탁, 무술, 구기
卯酉	섬유, 직물, 원예, 의상, 한약, 침선, 패물, 예배, 성물

칠수 - 수화충절

巳亥沖과 子午沖은 水와 火가 모두 絶地에 놓이는 현상으로 나타난다. 보통 專者와 孤者의 沖으로 육친이 分離가 나타난다.

壹拾八招´

乾

壬 戊 丁 己

子 午 卯 丑

水火가 모두 專者로 沖運에 離婚하는 경우가 드물다. 午年, 모친이 복부 질환을 겪다. 未年, 모친이 수술하고, 合庫動失로 아내와 離婚하다. 午腹部*

壹拾九招´

坤

丙 庚 癸 甲

子 午 酉 午

자식을 많이 두었지만, 專者의 沖으로 離婚하지 않는다. 衰者끼리의 沖 또한 좀체 離婚을 성립시키지 않는다.
時殺透支沖惡夫*

貳拾招′

坤

壬 庚 辛 甲

午 子 未 戌

三婚之命. 甲子年에 마지막 離別이다. 午官은 戌未刑의 덫에 치인다.

貳拾壹招′

坤

丙 庚 乙 己

子 午 亥 丑

매 맞고 살다 견딜 수가 없어 甲子年 가출한다. 七殺이 專者로 자신이 나갈 도리밖에 없다.

※note

水火相沖 물상

巳亥	화재, 총포, 화약, 폭죽, 용접, 충전, 엔진, 치아, 안질, 뱀장어
子午	유류, 발화, 정신분열, 복부수술, 성교, 낙태

팔수 - 목금충묘

丑과 未가 沖하면 金庫와 木庫가 깨지니 먼저 金難, 木難부터 눈여겨보아야 한다.

貳拾貳招´

坤

乙 己 辛 辛

亥 未 卯 丑

夫星入墓다. 토끼가 丑未沖의 덫에 치인 격이다. 甲子年, 不倫이다. 乙丑年, 夫星이 入庫한다. 七殺은 旺者니 수월하게 입고되지 않는다. 辛, 丁, 乙의 칼부림이다. 己我는 살기 위해 亥中 甲木을 합하여 가출한다. 丙寅年, 離婚했다.

貳拾參招′

坤

丁 戊 癸 乙

巳 午 未 丑

假化로 夫星入墓를 면했다. 戊子運에 不化로 丁未年에 乙木이 入墓하니 失離했다.

貳拾四招′

坤

乙 甲 癸 丁

亥 辰 丑 亥

己未年, 丑庫를 沖하여 金難으로 丑中辛金 남편을 잃었다. 辛酉年, 再婚했다. 辛未年, 離別했다.

庫地의 入庫物이 沖出될 때 해당 六神이 干支 專者를 이루지 않으면 필시 疾病이나 分離로 나타난다.

구수 - 수화충묘

辰과 戌이 沖하면 水庫와 火庫가 열리니 먼저 水難, 火難부터 눈여겨보아야 한다.

貳拾五招'

乾

戊 癸 癸 丙

午 卯 巳 戌

戊辰年, 妻星이 入庫하여 배우자와 死別하다. 旺者入墓太過故凶*

貳拾六招'

乾

丁 癸 戊 甲

巳 丑 辰 戌

丙辰年, 卒하다. 이전에 본처와 離別했다.

貳拾七招′

坤

甲 庚 壬 辛

申 戌 辰 酉

獨身命이다. 戌中丁火는 壬水를 合貪하여 獨守空이다.
衰者入墓得類故吉*

십수 - 병자형액

巳에서 寅이 病들고, 申에서 巳가 病든다.

		丁		寅刑
	寅	巳		

	庚			巳刑
	申	巳		

	甲	庚		巳刑
	寅	申	巳	

		庚		寅刑巳刑
	寅	申	巳	

사맹 刑地의 祿旺이 透하면 심대한 刑厄을 당하는 법이 없다.

	甲	庚	丁	刑發
	寅	申	巳	

	丁			刑發
	巳	申		

	壬			刑發
	申	巳	巳	

貳拾八招´

乾

丁 癸 壬 己

巳 巳 申 亥

財印刑發. 천재적 바이올리니스트로 세계적 명성을 구가했다. 刑沖이 교집하여 첫 부인과는 離別하고 再婚했다. 申亥絃樂寅酉管樂*

貳拾九招´

坤

壬 癸 甲 癸

子 巳 寅 巳

食財刑發. 세 자녀를 두고 和睦하게 살았다. 戊辰年, 庚申月 남편이 교통사고로 死亡했다.

陽刃格이 財를 보면 亡하고, 傷官格이 官을 보면 亡한다.

坤命에 官이 合하는 運에는 未婚은 婚事가 성립되고, 旣婚은 남편과 分離되기 쉽다. 合은 대개 'in and out'의 현상으로 나타나는데, 支合은 in 干合은 out에 비중을 둔다.

※note

寅申巳刑 물상

화살, 총탄, 자동차, 비행기, 선박, 전기, 전자제품, 기계, 창작, 운수, 기술자

십일수 - 봉충현발

辰戌이 沖하면 水火가 入墓한다 했다. 무릇 사맹은 專者를 기뻐하지만 사고는 旺者入墓한다.

	壬	丙		水火入墓
	辰	戌		

庫支가 刑沖을 당해도 發하는 경우가 있다. 土가 透하면 그러하다.

		戊		(土)沖顯
	戌	辰		

参拾招´

乾

戊 甲 己 壬

辰 戌 酉 辰

辰戌이 沖하면 水印이 入庫해도 發財하는 양상으로 나타난다.

십이수 - 형자파개

사고가 刑하면 入墓하는 육신이 法의 물상을 짓는다.

	乙	丙		木火入墓刑
	未	戌		

				藏干失離
	丑	戌		

				申金入庫刑
申	丑	戌		

			乙	乙木入墓刑
		戌	丑	

				子入丑庫刑
戌	丑	子		

특히 刑支는 庫支의 刑을 두려워한다.

				巳火入庫刑
戌	未	申	巳	

參拾壹招′

乾

丁 壬 壬 乙

未 戌 午 丑

戊午年, 避身하다. 己巳年, 訟事로 5년간 鬪病했다. 火財入庫刑은 經濟事犯이다. 戌未腦卒症*

십삼수 - 현침욕사

午, 卯, 未, 申은 懸針인데 干支로는 甲午, 甲申, 辛未, 辛卯가 있다.

팔자에 懸針이 겹치면 성정이 예민하고 殘忍한 구석이 있다. 종종 官災와 災厄, 手術, 傷害 등을 당한다.

이 사람은 醫藥, 宗教, 活人 계통으로 진출이 타당하다. 대개 浴과 病, 死, 絶의 물상으로 조합되기 때문이다.

午는 卯에서 病든다. 丁卯病*

未는 卯에서 病든다. 己卯病*

申은 午에서 浴한다. 庚午浴*

未는 申에서 浴한다.

甲은 午에서 死한다.

甲은 申에서 絶이다.

辛은 卯에서 絶이다.

懸針은 子水와 밀접한 관계가 있다.

子午沖이다.

子卯刑이다.

申子合이다.

子未害다.

이들은 복잡하면서 일정한 관계를 형성한다.

子午는 쌍방이 絶地다. 甲은 子에서 浴이고 午에서 死한다. 庚은 子에서 死하고 午에서 浴에 든다.

申은 子를 낳고 死하며 子도 申에서 死한다.

子卯는 浴의 물상이면서 卯가 病든다. 이때 子는 生을 얻는다. 팔자에 子卯刑을 볼 때는 卯木이 孤者로 있는지에 초점을 맞춘다. 卯卯丑雙*

子未害는 어떠한가. 子가 未에 入墓한다. 마치 덫에 치인 쥐 모양과 같다. 未는 子에서 絶地에 든다.

参拾貳招´

乾

辛 己 丙 丙

未 巳 申 午

申午浴, 未申浴인데 辛透하여 祿이 刑絶이다. 波瀾 많은 삶을 살았다. 庚子運, 戊子年에 약물 남용으로 絶命했다.

参拾参招´

乾

乙 戊 丁 己

卯 午 卯 卯

午가 卯에서 病든 격이다. 酒毒에 빠져 살았다. 辛酉年, 旺神을 沖剋하여 死亡했다.

参拾四招´

坤

辛 庚 戊 辛

巳 申 戌 酉

의료직이다. 巳陰火放射線* 天醫酉醫療精密機器*

參拾五招'

坤

辛 庚 辛 辛

巳 午 丑 丑

巳官이 辛金 懸針과 합작하면 레이저 방사선(laser radiation)이 業이다.

십사수 - 현침검난

앞에서 懸針은 字形으로 手術과 醫藥, 胞胎로는 疾病과 관계가 깊다고 했다.

午는 卯에서 病든다.

卯는 子에서 病든다.

未는 卯에서 病든다.

申은 亥에서 病든다.

여기에 病象과 手術의 행위가 투영된다.

參拾六招′

乾

甲 甲 丙 乙

子 戌 戌 亥

丁卯年, 위장수술을 받았다. 戌亥胃潰瘍*

參拾七招´

乾

甲 壬 戊 辛

辰 子 戌 巳

丁卯年, 위장수술을 받았다. 戊子胃茸腫*

乙亥生과 辛巳生은 卯年에 陽刃과 懸針이 動한 劍難의 물상이다.

參拾八招´

坤

丙 乙 壬 甲

戌 亥 申 寅

風病, 冷病을 앓았다. 丙火入墓로 아들을 잃었다. 戌亥中風申亥冷病*

※note

懸針 물상과 병상*

午卯破	봉제, 섬유, 자수, 침술, 강간, 간통, 성교, 침술, 주사, 채찍, 눈이 찔리거나 다침*, 안질, 둔부, 복부
子卯刑	섬유, 직물, 낚시, 난도질, 봉제, 재봉, 쥐구멍, 성교, 목욕, 침술, 주사, 종기, 허리, 수족상해*, 자궁, 항문
卯未合	가옥, 건축, 당구, 벽지, 책장, 문구, 화분, 접골*, 위장, 비장
申亥害	공업용수, 도살, 기계, 유류, 양수기, 광천수, 태풍, 송유관, 주방기구, 수도, 해수병*, 기침, 감기, 객담, 호흡기, 피부, 폐,

십오수 - 곡각형질

팔자에 乙, 己, 巳, 丑의 曲脚이 많으면 身病을 앓기 쉽다. 네 글자를 모두 구비하면 평생 神經痛, 關節炎이다. 이것은 대개 刑에 動하므로 丑戌未 삼형과 합작하기 일쑤다.

參拾九招´

坤

己 己 辛 乙

巳 巳 巳 巳

曲脚의 刑을 면했다. 辛食은 巳死滿局이니 자녀를 두지 못한다. 乙官은 巳中庚金과 合生하니 官印火金의 합작이다. 火金官印電氣電子通信通神*

四拾招′

坤

己 己 丙 庚

巳 丑 戌 子

曲脚의 刑이다. 움직이지 않으면 아픈 것이다. 北庫刑沖에는 子財가 入庫한다. 子丑의 용기가 깨지면 腫瘍이 터져 手術하는 병상이다. 不動産의 물상 대체가 상책이다.

複式(multiple)

십육수 - 삼회전도

팔자에 三會가 성립되면 조건반사적으로 顚倒(reverse) 상황을 떠올린다. 가령 水局을 지으면 反剋이 되는 金浸, 反生이 되는 木漂, 逆剋이 되는 土流의 현상을 보는 것이다. 그리고 會剋을 살핀다.

이때 미약한 오행이 전도되는데 無根하거나 會支에 앉은 천간, 月令을 잃거나 刑沖된 지지에 주안을 둔다.

四拾壹招'

坤

壬 己 壬 丙

申 未 辰 子

丙印이 辰土 자식을 놓으면 子辰 水局을 지어 丙火는 會剋된다. 申金은 子를 보면 死하는데 이 또한 水局을 지으니 反剋, 金浸의 상황을 맞이한다. 丙子生은 어머니와 딸이 모두 출산 후에 생명을 잃는 悲運을 맞이했다.

※note

三合 胞胎*

申子辰	申은 子를 낳고 死한다. 庚子死* 子는 辰, 水庫에 入墓한다.
亥卯未	亥는 卯를 낳고 死한다. 卯는 未, 木庫에 入墓한다.
巳酉丑	巳는 酉를 낳고 死한다. 酉는 丑, 金庫에 入墓한다.
寅午戌	寅은 午을 낳고 死한다. 甲午死* 午는 戌, 火庫에 入墓한다.

십칠수 - 태형이변

卯申鬼는 胎地의 조합이다. 子巳合이 또한 그러하다. 丙子癸巳胎*

鬼門에 刑이 들거나 子巳에 刑이 들면 變態, 獵奇 상황을 목도하기 쉽다.

四拾貳招′

乾

己 庚 乙 癸

卯 申 卯 巳

巳官申祿刑合으로 체육교사였다. 卯申財鬼胎刑으로 師弟 간 不倫을 저질렀다. 乙財는 申中巳中庚金刑官을 貪合한다. 庚申年, 巳火 마음에 病이 든다. 木火는 精神의 물상이니 甲乙寅卯木은 腦요, 丙丁巳午火는 心이다. 당해에 여학생의 남자 친구를 殺害했다. 간혹 卯巳衝을 운하며 무겁게 보는 유파가 있는데, 이것은 浴沖이기 때문이다. 巳刑은 開庫되어 戊癸合去로 殺傷의 합작을 짓고 庚

金은 녹아내린다. 癸亥年에 死刑이 집행되었다. 이 해는 金沈金鎔의 물상을 짓는 국면이다. 卯申과 卯巳의 분리는 精神分裂과 같다. 八字兩面分離精神異常*

四拾参招´

坤

庚 辛 丁 戊

寅 卯 巳 子

卯浴巳官沖에 子巳官浴刑合이다. 이러면 남편에게 문제가 나타난다. 子食과 胎合하니 코갸루(コギャル), 青少年性賣買 등에 몰두하는 식이다. 종종 미약한 오행이 合하는 글자와 합작하여 業象을 짓는다. 戊子生은 子丑合의 물상인 화장품 가게를 운영했다. 子水가 고갈되는 상으로 水의 병상이 나타나기 쉽다. 水病腎臟膀胱血液冷症痔疾*

※note

鬪合 병상

甲己甲	土傷	胃病
庚乙庚	木傷	頭痛
丙辛丙	金傷	肺病
壬丁壬	火傷	憂鬱
戊癸戊	水傷	酒毒

십팔수 - 성상파파

兩神의 成象을 破함은 불가하다.

四拾四招´

坤

丙 甲 丁 甲

子 午 卯 戌

木火成象이 金水運을 향해 下格이 되었다. 팔자의 지지가 모두 浴病의 合刑沖破로 어지러운 조합이다. 卯는 子에서 病들고, 午는 卯에서 病이 든다. 卯는 戌이 墓地고, 戌에 卯는 浴地가 된다. 浴病에 刑이 들면 뚜렷한 병상이 겹쳐 위태롭기 짝이 없다. 이때는 衰者, 미약한 오행의 글자에 주목한다. 甲戌生은 子와 戌에 문제가 있다. 戌子는 胃痛, 胃癌의 가능성이 높다. 대개 戌子胎에서 腫瘍이 자라다가 亥水絶地에서 潰瘍으로 발전한다. 乙亥年부터 胃腸에 위험 신호가 온다. 戊午年, 胃癌으로 死亡하니 短命이다. 월주에 刃劫이 동주하니 親家가 빈한했고,

早失母親했는데 貧農에게 시집가서 고생만 했으니 恨이 많은 삶이었다.

※note

五行 병상

斷木	肝膽, 手足
滅火	心臟, 小腸
傾土	胃腸, 脾臟
鎔金	大腸, 肺臟
蒸水	腎臟, 膀胱

십구수 - 고출이입

팔자에 入庫物이 이미 沖出된 경우에는 入庫 현상이 빈번하게 나타나기 마련이다.

四拾五招´

乾

丁 庚 甲 己

丑 戌 戌 未

丁官의 入庫物이 沖出된 팔자다. 刑沖이 動할 때마다 수시로 火官이 入庫, 移入되므로 이것은 한 마디로 하나의 직업이 오래 가지 않는다는 얘기다. 甲己財印이 합작하여 化土하니 母別父逢이다. 未中乙己가 出庫하면 육신의 離別이다. 丑戌刑動하면 辛金兄弟의 分離다. 未中乙木은 庚金은 서로 合生하므로 雷逢雷別한다. 丁官은 壬水와 合生하여 求祿한다. 充電과 放電의 교차와 같다.

四拾六招'

乾

庚 壬 甲 辛

戌 辰 午 亥

午火의 入庫物이 沖出된 팔자다. 이런 경우에는 辰戌沖의 덫에 치인 午火의 나들이가 빈번하게 일어난다. 午財의 반복되는 移入 현상이다. 午火腹部, 이미 배를 가르는 手術만 두 번 겪었다. 午戌의 합작은 臟器를 파헤치는 물상이다. 戌庫의 刑沖은 부친의 山所를 파헤치는 형상이기도 하다. 부친의 交通事故가 있었다. 午火前照燈戌道路*

※note

干合 물상과 일상 대체

甲己	建築, 書庫	農事, 園藝
乙庚	木材, 裁縫	工藝, 面刀
丙辛	金型, 家電	通信, 充塡
丁壬	電氣, 照明	放電, 洗車
戊癸	溫泉, 宿泊	料理, 溫浴

* unconscious fungible : 移徙, 旅行, 出張

이십수 - 북고수귀

北庫에 子合이 들면 水鬼가 寃鬼라는 말이 있다. 거개의 變故는 모두 子丑에 근원을 두기 때문이다.

四拾七招´

乾

乙 甲 乙 乙

丑 子 亥 亥

妻宮에 子丑의 병상이 들었다. 乙亥死地로 형제를 잃었다. 丑土는 三會의 逆剋, 顚倒와 甲乙木의 功身을 감당할 재간이 없다. 土流되고 파헤쳐진다. 아내가 未運, 酉年에 농약을 마시고 絶命했다.

四拾八招´

坤

丁 丁 庚 辛

未 酉 子 丑

子는 酉에서 病이 드는데 子酉破의 물상은 물병과 같으므로 丑未沖으로 그릇이 깨지면 위장에 물이 차는 병상이다. 子官은 北庫와 南庫를 출입하다 庫沖할 때 財官이 다 같이 入庫하므로 병상 대체가 오히려 상책일 경우가 있다. 財星死地로 財는 官을 낳고 소멸되는 형국이나 庚財가 未中乙木과 財印 합작하여 合生財化하니 소생하는 격이다. 子에서 庚은 死하나 辛은 生하니 求財가 대체로 원활한 유형이다. 子未害는 墓絶의 조합으로 食官이 疏遠하다. 丑未沖의 물상은 물이 찬 산 소丑의 移葬을 암시하기도 하는데, 이것은 祖母의 墓다. 坤命의 北庫六合은 子宮의 茸腫(polyp)을 합작하므로 항시 신경을 써야 한다.

※note

六破 물상

子酉破	酒甁
丑辰破	改築
寅亥破	帆船
午卯破	縫製
巳申破	交通
戌未破	耕作

이십일수 - 인생정신

寅에서 甲丙木火가 祿生이다. 精神界를 지향하게 된다는 뜻이다.

四拾九招´

乾

戊 庚 庚 癸

寅 子 申 丑

此造의 財官木火는 寅木에 寄生하여 寅申沖 工業星을 나타낸다. 工大 출신이다. 寅中丙官은 丑中辛金을 합작하는 通信, 電子, 電氣, IT 등의 물상을 짓는다. 丑戌刑하면 申子와 火官이 入庫하여 失祿인데 연이어 戊癸化火로 새로운 업상을 나타난다. 戊癸合은 印傷合官으로 企劃, 戰略 분야다. 寅亥合이 되면 食財合財로 求財한다. 兩庚의 飛財는 虛合辰土에서 飛出하므로 財福을 암시한다. 이것은 祿財合祿과 같아 소위 대박과 같은 상황을 말하는 게 아니다. 이를테면 丁壬合木과 같이 官食合財가 되면 財

祿의 규모가 한층 두터워진다. 子에서 庚申이 死하므로 申子合이 動하면 祿俸의 상향조정을 기대하기 어렵다. 丑印華蓋는 寅中甲木을 合貪하여 財印驛馬로 留學, 多國籍企業 등과 인연이 깊다.

五拾招´

乾

丙 己 丙 甲

子 酉 寅 辰

甲丙官印이 寅驛에서 祿生하니 留學이고, 업상 또한 外國과 인연이 깊다. 寅酉食官이 怨嗔인데 보통 酉金의 병상으로 나타나기 쉽다. 子酉破가 겹치기 때문인데 보통 大腸이나 호흡기 계통 질환이다. 이때 酉金은 子에서 生을 얻어 치명적인 상황으로 나타나지는 않는다. 대신 子水가 病드니 損財로 대체하기 일쑤다. 丙印이 酉中辛金과 火金 합작하여 生財하니 이것은 電子나 電氣에 의해 작동하거나 생산, 조립되는 모든 機械類로 辛金은 丙火에 반사되어 빛을 발하는 물상이다. 兩丙이 辛金을 爭合하는 양상이니 肺, 神經 계통의 질환에 유의할 필요가 있다.

五拾壹招´

坤

庚 丙 壬 甲

寅 寅 申 申

寅申沖 물상이다. 甲庚이 透하여 沖發이고 財印 합작하니 運輸業 등에서 크게 성공할 수다. 殺旺의 坤命으로 寅驛에서 木鐸소리가 나고, 財申에서 鐘소리가 울린다. 財殺이 透했다고 下格을 논한다면 팔자의 껍데기만 본 것에 불과하다. 이 사람은 僧侶로 크게 佛事를 이루었고 인품이 지고했다.

대저 格局은 팔자의 外皮와 같은 것이다. 內面의 물상을 판독하지 않고 貴賤을 단정해선 안 된다.

※note

怨嗔 料理 물상

子未	양, 흑염소, 식용유
丑午	소
寅酉	닭
卯申	토끼, 생선회, 곡물, 멸치
辰亥	녹용, 돼지
巳戌	뱀, 개, 뱀장어

이십이수 - 합재유생

財는 養命之原이다. 까닭에 壽를 관장한다. 我神이 財合하면 삶의 터전이 유실되지 않는다. 대개 財를 爭合하면 마음의 病을 얻기 마련이다.

五拾貳招´

乾

甲 甲 壬 壬

子 辰 子 午

水多木浮다. 印綬가 태과하면 懶怠하고, 생각만 깊다. 책만 많이 읽고 想像力만 풍부하며 행동이 없다. 대개 梟旺하면 倒食되어 일을 남에게 맡기고 게으르므로 抱病客이라 한다. 무릇 활동력은 洩氣에서 나타난다. 命主는 午中己財를 合生한다. 爭合하니 失財하는 양상이다. 壬戌年, 午火가 入庫되던 해 自殺했다. 依支處를 잃고 비관, 厭世로 일관했다.

五拾参招´

乾

壬 壬 甲 丁

寅 午 辰 卯

丁財를 후배, 동생에게 빼앗기는 형상이다. 命主는 日支에서 午火를 合生하여 산다. 財官同臨에 食財合財하니 後妻에서 자식을 보고 富를 이루었다. 甲食이 帶地에 앉아 衣冠을 갖추고 설교하는 물상이다. 食傷은 이론, 激情, 嫉妬, 능변, 웅변이다. 앞의 壬午生과 달리 印綬가 없으니 慈悲가 부족하다. 팔자에 없는 五行에 병상이 있다. 이 사람은 호흡기 계통의 질환을 앓았다.

이십삼수 - 라망암매

戌亥天羅는 하늘의 墓絶이며, 辰巳羅網은 땅의 墓絶이니 不明하고, 자칫 暗昧하기 쉽다.

여기에 五行의 災煞이 더해지면 이것은 아직 세상물정에 어두운 胎象이니 墓絶胎의 물상 합작이 囚獄으로 나타난다.

보통 팔자에 子午卯酉의 絶沖이 있고 亥水羅網이 겹치면 官災가 나타나기 쉽다.

한편 戌亥는 天門으로 總名하고 活人救濟의 의미를 담고 있다. 亥水는 하늘에서는 絶滅이나 땅에서는 建祿이다. 대개 이 글자에 해당하는 六神, 六親은 信仰心이 두텁다. 특히 天主敎人이 많다. 地網 또한 活人救濟의 업상이다. 檢警, 軍人, 醫藥, 易術, 宗敎 등과 인연을 맺는다. 한편 辰戌沖은 工業星이다. 木火金의 합작 물상이기 때문이다.

五拾四招´

坤

乙 己 辛 乙

亥 巳 巳 未

坤命 羅網이다. 醫大 출신으로 좋은 家門에서 태어났다. 時에 殺透支沖하면 惡夫를 두기 쉽다. 三日이 멀다하고 그 남편이 가두고 때리니 견딜 수가 없을 지경이다. 乙官은 巳中庚金과 合生하니 親家의 부모들이 離婚을 만류한다.

팔자에 乾命은 天羅, 坤命은 地網을 꺼린다고 했는데, 惡煞이 더하면 可畏라더니 과연 그러하다. 口舌, 是非, 官災, 監禁, 拉致 등의 横厄이 침범하는 경우가 많다.

五拾五招´

乾

戊 癸 壬 庚

午 酉 午 子

囚獄에 桃花壞印이다. 淫蕩色難이다. 亥年에 矯導所에

갔다. 수차 監獄살이다. 古歌에 災煞이 水火에 해당되면 水害나 火災를 당하고, 金木이면 暴力, 傷害數가 있다고 했다. 土災는 崩壞, 墜落이나 皮膚가 나쁘다고 한다.

五拾六招′

乾

戊 己 癸 甲

辰 卯 酉 午

桃花囚獄의 沖이다. 亥年에 구속되었다. 酉亥는 絶地의 조합이다. 戊劫財合이니 妻는 家出한다.

五拾七招′

坤

壬 辛 甲 戊

辰 卯 子 寅

桃花囚獄의 刑이다. 子卯刑에 壬甲이 透하니 刑起한다. 産婦人科 醫師다. 甲財가 祿旺하여 蓄財했다. 活人이 物象 대체다. 無根無依한 辛金은 寅中丙官에 合生한다. 辛酉年, 正官爭合하고 官에 병상이 나타나고 丙火는 酉에

서 死한다. 壬戌年, 火難이니 時逢傷官이 叩盆之嘆한 형국으로 이 해에 남편과 死別했다. 戊寅生은 丙子年에 몹시 아팠다. 日支, 卯가 病刑에 들었기 때문이다.

※note

十二支 後天八卦 배속

辰巳 [巽方]	午 [離方]	未申 [坤方]
卯 [震方]		酉 [兌方]
寅丑 [艮方]	子 [坎方]	戌亥 [乾方]

乾巽羅網	監禁身厄
乾坤關軸	達通名動
坤艮鬼門	精神疾患

물상개요(digest)

오행리뷰

오행병상

갑자물상

육갑요강

오행리뷰

- 六神物象(module-4, phases of the bazi) 발췌 인용 -

木(목)은 仁(인), 방위는 東(동), 艮(간) 물체로는 樹木(수목), 象數(상수)는 三(삼), 八(팔)입니다.

木(목)을 살필 때는 보통 계절을 보아 生木(생목)과 死木(사목)으로 구분합니다. 이것은 木(목)의 사용처를 분별하는 것이니 대외적 활동과 직업적 성향을 판단하는 잣대가 됩니다. 당연 貴賤(귀천)과 成敗(성패)를 좌우하는 準據(준거)로 작용할 것입니다.

木(목)의 干支(간지) 物象(물상)은 다음과 같습니다.

甲(갑)	나무, 대들보, 목재, 가구, 씨앗, 고집, 돌진, 사장, 시초, 머리, 눈, 책임자
乙(을)	초목, 화초, 넝쿨나무, 조류, 소식, 이별, 바람, 실, 붓, 털. 그림, 전문가
寅(인)	나무, 목재, 가구, 지물, 섬유, 의류, 화폐, 문구, 가옥, 버스, 얼굴
卯(묘)	초목, 화초, 어류, 곡물, 과일, 야채, 서책, 신문, 문서, 입술, 성기, 고환

火(화)는 禮(예), 방위는 南(남), 巽(손) 물체로는 熱光(열광), 象數(상수)는 二(이), 七(칠) 입니다.

火勢(화세)가 强旺(강왕)하면 水(수)로 조절해야 形(형)을 유지할 수 있습니다. 火土(화토)가 旺(왕)하면 濕土(습토)로 도와야 하고 이때는 木(목)의 쓰임이 중요합니다. 火勢(화세)가 衰弱(쇠약)하면 木(목)으로 돕고, 水(수)로 金木相爭(금목상쟁)을 피해야 합니다. 火旺(화왕)하면 明朗(명랑), 和暢(화창)하나 타인에게 피해를 주기 쉽고, 火衰(화쇠)하면 利己的(이기적)이고 處身(처신)이 정의롭지 않습니다. 火(화)는 熱(열)과 光(광)을 구분해야 하는데 熱(열)

로 쓰일 때 死木(사목)이 없으면 기르는 功(공)이 없어 有始無終(유시무종)이기 쉽고, 빛일 때는 土(토)가 그 빛을 回折(회절)시켜 뜻을 펼치기 어렵습니다. 丙火(병화)가 壬水(임수)를 보면 返照(반조)되어 才氣(재기)를 發(발)하고, 丁火(정화)는 어두워야 破邪顯正(파사현정)합니다.

火(화)의 干支(간지) 物象(물상)은 다음과 같습니다.

丙(병)	태양, 하늘, 불, 열기, 화산, 엔진, 자동차, 전자, 가스, 에너지, 허세, 사치
丁(정)	달, 별, 전기, 건전지, 레이저, 통신, 전등, 광명, 눈빛, 봉사, 안내자, 수도자
巳(사)	달, 별, 전기, 자동차, 기차, 철로, 광선, 레이저, 방사선, 창자, 혈압
午(오)	해, 전자, 화약, 총포, 폭발, 엔진, 열기, 불, 눈, 심장, 신경

土(토)는 信(신), 방위는 中央(중앙), 물체로는 土地(토지), 象數(상수)는 五(오), 十(십)입니다.

土(토)는 萬物(만물)의 氣運(기운)을 主宰(주재)하여 조절하는 中和之氣(중화지기)로 볼 수 있습니다. 즉 木火(목화)의 生長氣(생장기)를 金水(금수)의 收藏氣(수장기)로 변화시키는 金火交易(금화교역)의 造化(조화)(creation) 작용을 합니다.

土(토)의 干支(간지) 物象(물상)은 다음과 같습니다.

戊(무)	지구, 대지, 부동산, 가옥, 건축, 제방, 창고, 토석, 온천, 화산, 용암, 댐
己(기)	논밭, 담, 성벽, 묘지, 모래, 자갈, 콘크리트, 레미콘, 도로, 기록. 법전. 중개자
辰(진)	녹용, 지렁이, 파충류, 진흙, 습지, 웅덩이, 댐, 물탱크, 실험실, 습진
戌(술)	가옥, 부동산, 건축물, 창고, 돌산, 조토, 건축자재, 사찰, 묘지, 난방
丑(축)	논밭, 습지, 지하실, 굴, 터널, 묘지, 하수구, 화장실, 화장품, 우유, 잇몸
未(미)	토지, 도로, 마을, 주차장, 담, 전신주, 건자재, 양지, 건토, 분말, 사찰

金(금)은 義(의), 방위는 西(서), 坤(곤) 물체로는 金屬(금속), 象數(상수)는 四(사), 九(구)입니다.

金(금)은 肅殺氣(숙살기)를 띠어 分離(분리), 區分(구분), 斷折(단절) 등의 包陽(포양) 작용을 겉으로 드러내는데 內面에 陽의 氣運을 담아 대략 外剛內柔의 性情을 지닙니다. 金은 大를 위해 小를 犧生하고 전체를 위해 枝葉을 버리는 것이니 곧 義로 표상됩니다. 金은 勢에 따라 剛과 柔로, 氣에 따라 鈍과 銳로 구분되는데 强이 지나치면 融通性이 없고, 弱하면 優柔不斷합니다. 火를 얻지 못하면 鈍이 되고 水의 작용이 없으면 活力을 잃게 됩니다.

金의 干支 物象은 다음과 같습니다.

庚	철강, 철재, 금속, 기계, 방앗간, 재봉틀, 바위, 도끼, 폭력, 검경, 군인
辛	구름, 이슬, 보석, 쇳물, 주방기구, 기계부속, 바늘, 세공, 미인, 전문가
申	금속, 기계, 정미소, 선박, 바퀴, 절단기, 가슴, 갈비뼈, 대장, 피부
酉	종, 패물, 보석, 기계부품, 재단기, 금형, 낚시, 재봉틀, 직조기, 바늘, 불상

水는 智, 방위는 北, 坎 물체로는 雲雨, 象數는 一, 六입니다.

水는 深淺과 淸濁을 보는데 水勢가 强하면 火의 有無를 우선해서 살핍니다. 四時로는 淸濁을 살피는데 金이 많거나 土에 막히면 濁해지기 쉽습니다. 淸을 유지하면 곧 貴니 이 또한 火로 調和되는 것입니다.

水의 干支 物象은 다음과 같습니다.

壬	생수, 바다. 호수, 눈, 비, 빙산, 유류, 주류, 유랑, 덕, 무법자
癸	눈물, 가랑비, 샘물, 하수, 액체, 기름, 혈액, 소변, 전립선, 기쁨
亥	바다, 하천, 우물, 약수, 배설물, 주류, 유류, 국물, 용수, 빙하, 빙과
子	밤, 물, 바다, 강, 하천, 매립지, 얼음, 비, 바늘, 정자, 침, 자궁, 종양

오행병상

運(운)에서 대개 八字(팔자)의 어느 글자를 - 뿌리가 없이 微弱(미약)하게 자리 잡은 天干(천간)이나 고립된 地支(지지)의 글자, 혹은 八字(팔자)에 없는 五行(오행)의 글자가 運(운)으로 들어올 때 - 破剋(파극)하거나 刑沖(형충)할 때, 발생하는 여러 物象(물상)의 나들이 중 비교적 선명한 사례가 본인과 六親(육친)의 病症(병증)으로 나타나는데 일단 發病(발병)하여 苦難(고난)을 겪게 되면 예상되는 여타의 物象(물상)을 代替(대체)한 것으로 간주하면 무난합니다.

木(목)의 病象(병상)은 肝(간)과 膽(담)으로 옵니다. 勢(세)가 지나친 强木(강목)과 弱木(약목), 火多(화다)한 焚木(분목), 土多(토다)한 折木(절목), 水多(수다)한 浮木(부목) 등 모두 원인이 되지만, 급격한 病症(병증)은 斷木(단목)으로 木虛(목허)가 될 때 나타납니다. 이것은 甲申(갑신), 乙酉(을유), 寅申(인신), 寅酉(인유), 卯申(묘신), 卯酉(묘유)

등의 글자가 動할 때이고 肝膽 이외 手足, 허리, 관절, 목, 눈, 코, 귀, 생식기, 肺, 神經, 精神 계에 이상이 오기 쉽습니다. 이때의 藥은 오직 水입니다.

火의 病象은 心臟과 小腸으로 옵니다. 勢가 지나친 强火와 弱火, 木多한 熾火, 土多한 晦火, 金多한 熄火 등 모두 원인이 되지만, 급격한 病症은 水로 인한 火滅, 火虛에서 야기됩니다. 이것은 丙辛, 丙子, 巳申, 子午, 巳亥, 子巳, 丁亥 등의 글자가 動할 때이고 心臟과 小腸 이외 腦卒中, 혈압, 눈, 神經, 精神, 熱病, 火病, 巫病 등으로 나타나기 쉽습니다.

土의 病象은 胃腸과 脾臟으로 옵니다. 勢가 지나친 强土와 弱土, 火多한 焦土, 金多한 變土, 水多한 流土 등 모두 원인이 되지만, 급격한 病症은 木으로 인한 傾土, 土虛에서 비롯되기 쉽습니다. 이것은 戊寅, 己卯, 寅未,

卯辰, 寅辰 등의 글자가 動할 때이고 胃腸과 脾臟 이외 消化器, 炎症, 腫瘍, 척추, 갈비뼈, 옆구리, 무릎 등에 이상이 오기 쉽습니다.

金의 病象은 大腸과 肺로 옵니다. 勢가 지나친 强金과 弱金, 土多한 埋金, 水多한 沈金, 木多한 欠金 등 모두 원인이 되지만, 급격한 病症은 火로 인한 鎔金, 金虛에서 나타나기 쉽습니다. 이것은 庚午, 辛巳, 巳申 등의 글자가 動할 때이고 大腸과 肺 이외 齒牙, 배꼽, 呼吸器, 어깨, 가슴, 耳目口鼻 등으로 이상이 옵니다.

水의 病象은 腎臟과 膀胱으로 옵니다. 勢가 지나친 强水와 弱水, 金多한 濁水,木多한 縮水, 火多한 乾水 등 모두 원인이 되지만, 급격한 病症은 土로 인한 汚水, 水虛에서 비롯되기 쉽습니다. 이것은 壬戌, 壬辰, 癸丑, 癸未, 辰亥, 子未, 亥未 등의 글자가 動할 때이고 腎臟과

膀胱(방광) 이외 結石(결석), 血厄(혈액), 性病(성병), 血管(혈관), 冷症(냉증), 痔疾(치질), 복부 등으로 疾病(질병)이 옵니다.

갑자물상

甲子(갑자)	물 위에 뜬 나무, 帆船(범선)	활동무대가 넓고, 主居(주거)를 자주 옮김
乙丑(을축)	진흙 속에서 피어난 연꽃	상당한 인내심, 初志一貫(초지일관)
丙寅(병인)	木火通明(목화통명), 화난 범	手腕家(수완가), 종종 침착성을 잃고 경솔한 언행
丁卯(정묘)	달 속 토끼	嫉妬(질투)가 심한 다변적인 성품, 센스를 타고남
戊辰(무진)	太山(태산) 속의 진흙	固執(고집), 信用(신용)이 있음. 官庫(관고), 寡婦之命(과부지명)
己巳(기사)	뱀이 기어가다 머리를 세운 모습	固執太强(고집태강), 不撓不屈(불요불굴), 獨善(독선)
庚午(경오)	서쪽 하늘을 바라보는 말	閑暇(한가)한 중에 엉뚱한 생각
辛未(신미)	들판에 서있는 허수아비	淳朴(순박)하고 겸손, 書藝(서예)나 料理(요리) 솜씨 있음
壬申(임신)	물이 샘솟는 바위, 鑛泉(광천)	能辯(능변), 교육, 의약, 宗敎(종교) 계통에서 두각
癸酉(계유)	술을 담은 항아리	色情(색정)으로 인한 곤란 암시

甲戌(갑술)	禿山(독산)의 枯木(고목)	지도자, 言中有骨(언중유골)
乙亥(을해)	바다 위를 떠다니는 나무 조각	外國(외국) 생활, 移民(이민)
丙子(병자)	햇빛이 호수를 비추는 격	和暢明朗(화창명랑), 外陽內陰(외양내음)으로 愁心(수심)
丁丑(정축)	한낮의 소, 燈盞(등잔)	일복 많고 藝能(예능)에 소질
戊寅(무인)	산 호랑이	誇示(과시), 空房數(공방수), 因夫呻吟(인부신음)
己卯(기묘)	들판의 토끼	敏捷(민첩)하고 분방한 기질, 眼下無人(안하무인)
庚辰(경진)	매장된 鐵鑛(철광)	거침없이 發福(발복), 魁罡(괴강), 夫婦不和(부부불화)
辛巳(신사)	불에 녹은 금, 白蛇(백사)	外剛內柔(외강내유), 權力(권력)을 행사하지 않으면 官災(관재)
壬午(임오)	호수에 잠긴 달빛	多情多感(다정다감), 好色(호색), 비밀스러움
癸未(계미)	田畓(전답)에 비가 내린 격, 비 맞은 양	食祿(식록)이 足(족), 六親(육친)과 疏遠(소원)

甲申(갑신)	나무 타는 원숭이	多才多能(다재다능), 謀事(모사), 惡妻苦心(악처고심), 傾聽內語(경청내어)
乙酉(을유)	바위틈을 뚫고 자라는 花草(화초)	날카롭고 끈질기며 냉혹한 기질, 美貌(미모)
丙戌(병술)	짖는 개, 日落西山(일락서산)	喜怒愛樂(희로애락)의 감정 표출이 선명, 白虎(백호), 橫來之厄(횡래지액)
丁亥(정해)	明月(명월)에 빛나는 호수	明哲(명철)한 이성, 能辯(능변), 法曹界(법조계)
戊子(무자)	흙과 물이 배합, 天地合德(천지합덕)	財福(재복), 安泰(안태), 八方美人(팔방미인) 賢母良妻(현모양처)
己丑(기축)	논밭을 가는 소	勤勉(근면), 窮乏(궁핍)한 경우가 없음. 宗敎(종교), 信仰(신앙)
庚寅(경인)	白虎(백호)	獨步(독보), 利己心(이기심)과 獨善(독선)
辛卯(신묘)	白兎(백토)	淡白(담백), 疑惑(의혹)과 지나친 조심성
壬辰(임진)	水龍(수룡)	變化無雙(변화무쌍), 速戰速決(속전속결), 獨善其身(독선기신)
癸巳(계사)	겨울의 太陽(태양)	聰明(총명), 變德(변덕), 至福(지복)

甲午(갑오)	焚木(분목)	인내심이 부족하고 폭발적인 성향, 紅艷(홍염)
乙未(을미)	갈대밭	一貫性(일관성) 부족, 身病(신병), 理財(이재)에 밝음
丙申(병신)	夕陽(석양)에 노을이 지는 모습	화려한 것을 좋아하며 美食(미식)을 즐김. 自慢(자만)
丁酉(정유)	明月(명월), 달밤의 닭	天眞爛漫(천진난만), 銳利(예리)하고 敏捷(민첩)
戊戌(무술)	높은 산	頑固(완고), 행동이나 마음의 시비가 분명
己亥(기해)	肥濕(비습)한 土壤(토양), 陀泥帶水(타니대수)	외견은 明朗(명랑) 속으로는 小心憂鬱(소심우울), 刑厄(형액)
庚子(경자)	沈金(침금)	外華內貧(외화내빈), 有示無終(유시무종), 義理(의리)가 있고 淸白(청백)
辛丑(신축)	소뿔, 雙辛(쌍신), 철근	信用(신용), 자존심을 건들면 憤慨(분개) 복수를 벼름
壬寅(임인)	물가에 나타난 호랑이	지혜와 靈感(영감), 얍삽, 음식솜씨 뛰어남
癸卯(계묘)	草木(초목)이 물을 만난 격	運氣和暢(운기화창), 妙技百出(묘기백출), 厚德(후덕)

甲辰(갑진)	땅에 단단히 뿌리를 내린 나무, 靑龍(청룡)	自己主張(자기주장)을 강함. 變德(변덕), 造化(조화)
乙巳(을사)	새를 입에 문 뱀	口辯(구변)이 靑山流水(청산유수), 身病(신병), 金與(금여)
丙午(병오)	正午(정오)의 太陽(태양), 炎上之象(염상지상)	강한 自我(자아), 獨尊(독존), 陰陽(음양) 상대의 마음을 헤아림
丁未(정미)	전봇대 위로 솟은 달, 고무래	犧生心(희생심), 곧잘 베품. 所有慾(소유욕)과 獨立心(독립심)이 강함.
戊申(무신)	鑛山(광산), 秋山(추산), 西山(서산)	福祿(복록)이 두텁고 幸運(행운)이 따르는 편, 獨守空房(독수공방)
己酉(기유)	가을걷이철의 들판	分奏(분주)하고 食祿(식록)이 두터움. 頭腦非常(두뇌비상)
庚戌(경술)	모습을 드러낸 金鑛(금광), 돌 맞은 개	獨尊(독존), 强猛(강맹), 底力(저력), 訟事(송사), 刑厄(형액)의 禍(화)
辛亥(신해)	陶洗珠玉(도세주옥)	아름다운 容貌(용모), 文藝(문예) 방면에 조예, 自謀自敗(자모자패)
壬子(임자)	만물을 감싸는 바다	眼下無人(안하무인), 速成速敗(속성속패), 成門前成市(성문전성시), 敗四面楚歌(패사면초가)
癸丑(계축)	마르지 않는 泥土(니토)	一道精進(일도정진), 孤獨(고독), 傲氣(오기), 暗祿(암록)

甲寅(갑인)	大樑(대량)	그릇이 큼. 사상이 健全(건전)하고 自立心(자립심) 있음
乙卯(을묘)	萌芽(맹아)	外柔內剛(외유내강), 은근한 끈기와 상당한 固執(고집)
丙辰(병진)	구름에 가려진 太陽(태양)	無窮(무궁)한 지혜와 謨事(모사)가 있음. 先見之明(선견지명)
丁巳(정사)	滿月(만월)	솔직담백하고 明郎華奢(명랑화사), 不和損財(불화손재), 內心苦痛(내심고통)
戊午(무오)	火山(화산)	唯我獨尊(유아독존), 頑固(완고), 美男美女(미남미녀)와 緣(연)
己未(기미)	田畓(전답)이 메마른 형상	鬱憤(울분)을 터트린 후에 煩悶(번민), 暗祿(암록), 宗敎(종교)
庚申(경신)	銀星(은성)	武力(무력)을 뜻하여 英雄(영웅) 아니면 乾達(건달), 臨事卽決(임사즉결)
辛酉(신유)	沙金袋(사금대), 石榴(석류)	固執(고집), 淫慾(음욕), 積德(적덕)해야 身厄(신액)을 免(면)
壬戌(임술)	石油(석유), 地下水(지하수)	衆生(중생)을 啓導(계도), 靈感(영감), 뽐내는 기질
癸亥(계해)	물이 가득하여 마르지 않는 형상	앞날을 예지하는 慧眼(혜안), 修養(수양), 歡待(환대)

육갑요강

朴一宇 整理*

갑자(甲子) : 고목청서(枯木靑鼠) 침착심약(沈着心弱)
주거다변(住居多變) 부방연정(婦房戀情)

을축(乙丑) : 화원유우(花園幼牛) 담소정대(膽小精大)
처솔불구(妻率不救) 풍파다단(風波多段)

병인(丙寅) : 맹상맹호(猛相猛虎) 성급저돌(性急猪突)
무의단신(無依單身) 애정다마(愛情多魔)

정묘(丁卯) : 경거토신(驚居兎身) 성급자성(性急自性)
상하불구(上下不拘) 선견지명(先見之命)

무진(戊辰) : 함입용신(陷入龍身) 무근자함(無根自咸)
분주사방(奔走四方) 형액중중(刑厄重重)

기사(己巳) : 전답사족(田踏蛇足) 과실탐욕(果實貪欲)
식음자덕(食飮自德) 조상위덕(祖上爲德)

경오(庚午) : 어용백마(御用白馬) 실소허대(實小虛大)
전장유의(田場有義) 죽창획어(竹槍獲魚)

신미(辛未) : 자신백양(雌身白羊) 무용한거(無用閑居)
성정고숭(性情高崇) 의식풍요(衣食豊饒)

임신(壬申) : 용신원인(勇身猿人) 동진서주(東進西走)
유덕향수(遺德享受) 일성이패(一成二敗)

계유(癸酉) : 봉중입계(鳳中立鷄) 접객흥리(接客興利)
다중고신(多中孤身) 필유장손(必有長孫)

갑술(甲戌) : 보수맹견(寶狩猛犬) 생활자강(生活自强)
허소성대(虛小成大) 보수지성(保守之性)

을해(乙亥) : 한신귀해(閑身貴亥) 활인지성(活人之性)
신의처방(身依妻房) 의식풍성(衣食豊盛)

병자(丙子) : 대형야서(大形野鼠) 신의산궁(身依山宮)
비행무촌(秘行無寸) 조야의식(粗野衣食)

정축(丁丑) : 침실몽신(寢室夢身) 다은다번(多恩多煩)
수성가심(手成家心) 심성여양(心性如羊)

무인(戊寅) : 성신맹호(城身猛虎) 명예중시(名譽重視)
활동다마(活動多魔) 신경민감(神經敏感)

기묘(己卯) : 전원거귀(田源居鬼) 생사촌음(生死寸陰)
식음태산(食飮泰山) 안하무인(眼下無人)

경진(庚辰) : 맹위백룡(猛位白龍) 일실일득(一失一得)
용기충천(勇氣沖天) 동기서산(東起西散)

신사(辛巳) : 유신백사(悠身白蛇) 한거위신(閑居爲身)
천문입신(天門入身) 종교지신(宗敎之身)

임오(壬午) : 인솔쌍마(引率雙馬) 인덕중후(人德重厚)
안색미려(顔色美麗) 접객위신(接客爲身)

계미(癸未): 식용흑양(食用黑羊) 동면주야(動勉晝夜)
인인유화(因人有和) 재록풍성(財祿豊盛)

갑신(甲申) : 인립원인(人立猿人) 조화무쌍(造化無雙)

인인종사(因人從事) 담소구심(膽小仇心)

을유(乙酉) : 약용청계(藥用青鷄) 화개지명(華蓋之命)

식구희소(食口稀少) 고독지명(孤獨之命)

병술(丙戌): 천중적견(天中赤犬) 정성유급(情性有急)

무록평생(無祿平生) 무의지신(無依之身)

정해(丁亥) : 의산저구(依山猪軀) 원거지인(遠距之人)

허대실소(虛大實小) 잠득잠실(暫得暫失)

무자(戊子) : 부유곡창(富裕穀倉) 심신안사(心身安蛇)

자손다패(子孫多敗) 고숭무상(高崇無像)

기축(己丑) : 전원경우(田園耕牛) 일촌불개(一寸不改)

동면지심(動勉之心) 자손유탄(子孫有嘆)

경인(庚寅) : 고독백호(孤獨白虎) 자수성가(自手成家)

조업만구(祖業萬救) 용기충천(勇氣庶天)

신묘(辛卯) : 애중귀토(愛中貴兎) 유한지상(遊閑之相)
의무불수(義務不守) 친위다대(親位多大)

임진(壬辰) : 무력흑룡(無力黑龍) 동분서주(東奔西走)
성색여화(性色如火) 풍파다단(風波多端)

계사(癸巳) : 흑사지신(黑蛇之身) 질투가관(嫉妬可觀)
상친불화(上親不和) 금리유익(金利有益)

갑오(甲午) : 청룡대마(靑龍大馬) 유덕자생(遺德自生)
고성한거(高城閑居) 필경귀신(必更貴身)

을미(乙未) : 초원유양(草園遊羊) 다사다번(多事多煩)
신봉중의(身鳳中依) 보모지심(褓母之心)

병신(丙申) : 다처류원(多妻類猿) 동치서주(東馳西走)
예기다능(藝技多能) 처첩다방(妻妾多方)

정유(丁酉) : 홍색미계(紅色美鷄) 항유지상(恒遊之相)
편답사방(遍踏四方) 문장수려(文章秀麗)

무술(戊戌) : 경비황견(警備黃犬) 사시성신(四時省身)
다사다번(多事多煩) 교육의신(教育依身)

기해(己亥) : 전원저돌(田園猪突) 불획분주(不獲奔走)
의지강건(意志剛健) 유음유족(類飮有足)

경자(庚子) : 무의백서(無依白鼠) 자탄신세(自嘆身勢)
주거불안(住居不安) 무후봉사(無後奉祀)

신축(辛丑) : 불경희우(不耕希牛) 고숭지심(高崇之心)
유덕풍루(遺德豊漏) 자진유신(自進悠身)

임인(壬寅) : 무의표호(無依豹虎) 식소사번(食小事煩)
성정지급(性情之急) 고독지명(孤獨之命)

계묘(癸卯) : 거산흑토(居山黑兎) 절취호구(取糊口)
불안사작(不安事作) 작수지신(作愁之身)

갑진(甲辰) : 혁식청룡(革食靑龍) 의식곤란(衣食困難)
유덕풍만(遺德豊滿) 신의구가(身依舊家)

을사(乙巳) : 화유화사(花遊花蛇) 족의전답(足依田踏)
민활거산(敏闊居山) 자수성가(自手成家)

병오(丙午) : 위맹군마(威猛軍馬) 저돌진심(猪突進心)
약비임전(若非臨戰) 한거세상(閑居世上)

정미(丁未) : 무의본양(無依本羊) 다처위솔(多妻爲率)
처첩각거(妻妾各居) 풍유가호(風遊可好)

무신(戊申) : 근족유원(近足幼猿) 심소담대(心小膽大)
도피산궁(逃避山宮) 자활생애(自活生涯)

기유(己酉): 음주취계(飮酒醉鷄) 가기지명(歌妓之命)
수리자명(數理自明) 내심유순(內心柔順)

경술(庚戌) : 금고충견(金庫忠犬) 가위풍유(可謂豊裕)
약비무합(若非無合) 상가생애(商賈生涯)

신해(辛亥) : 한신저육(閑神猪肉) 수유지상(水遊之狀)
신의토굴(身依土窟) 활동대거(活動大擧)

임자(壬子) : 다마흑서(多魔黑鼠) 고독지명(孤獨之命)
인술자구(仁術自救) 무후봉사(無後奉祀)

계축(癸丑) : 적막흑우(寂寞黑牛) 헌성불신(獻誠佛身)
이신호봉(以身戶奉) 가위무찰(可謂撫察)

갑인(甲寅) : 청산대호(青山大虎) 허대실소(虛大實小)
고루거각(高樓巨閣) 환신지상(宦臣之狀)

을묘(乙卯) : 방랑토생(放浪兎生) 풍류민객(風流敏客)
가정유심(家庭有心) 백립일성(百立一成)

병진(丙辰) : 구갈고룡(求渴孤龍) 풍류공거(風類共居)
노룡일소(老龍一笑) 가위단명(可謂短命)

정사(丁巳) : 노각홍사(怒角紅巳) 귀성탄거(貴城嘆居)
남진북주(南進北駐) 노독임신(路獨臨身)

무오(戊午) : 임지황마(臨地黃馬) 무장독주(無將獨走)
분주사해(奔走四海) 일침환향(一針還鄉)

기미(己未) : 유순초양(柔順草羊) 흥인모사(興人謀事)
자손다처(子孫多處) 신의각거(身依各居)

경신(庚申) : 백색노후(白色老後) 변심성안(變心省眼)
정신총명(精神聰明) 의외대어(意外大魚)

신유(辛酉) : 계수약계(癸需藥鷄) 자탄신세(自嘆身勢)
귀생천용(貴生賤用) 가외무정(可畏無情)

임술(壬戌) : 죄성흑견(罪省黑犬) 불친불소(不親不疎)
법사한거(法舍閑居) 의식자족(衣食自足)

계해(癸亥) : 낙루흑해(落淚黑亥) 원미불미(元味不美)
신의객여(身依客旅) 식소사번(食少事煩)

명리물상실전57초(命理物象實戰57招)

초판 1쇄 2008년 5월 27일
초판 2쇄 2016년 3월 15일
지은이 해운대 포럼 1회 대표 東樂 우석현
펴낸이 장석홍
펴낸곳 도서출판 장서원
주 소 서울 용산구 남영동 7-1(201호)
전화 703-5362 팩스 797-5362
등록 제 03-01213호
E-mail shjang1011@hanmail.net

정가 15,000원